Werner Färber

Bildermaus

Geschichten vom kleinen Zauberer

Illustrationen von Julia Ginsbach

Loewe

Der Umwelt zuliebe ist dieses Buch auf chlorfrei gebleichtem Papier gedruckt.

ISBN 3-7855-4745-5 – 2. Auflage 2004

Umschlagillustration: Julia Ginsbach
Reihenlogo: Angelika Stubner
Gesamtherstellung: L.E.G.O. S.p.A., Vicenza
Printed in Italy

www.loewe-verlag.de

Inhalt

Ein seltsamer Tag

„Kikeriki!“, kräht der  neben Oskars  . Der kleine  mag aber noch gar nicht aufstehen. „Sei still“, sagt er zu seinem gefiederten  . „Kikeriki!“, kräht der  erneut. „Wenn’s denn sein muss“, grummelt Oskar.

Der kleine  schwingt sich

aus den . Er richtet seinen 

auf den . „Stumpfes ,

krumme , doofer ,

halt den !“

„Ikirekik!“, kräht der  . „Wieso krähst du rückwärts?“, fragt der kleine  verwundert. Doch jetzt bleibt der  stumm.

„Saure , faules ,

was ich brauch, sofort herbei!“,

befiehlt Oskar und winkt

mit dem  zum 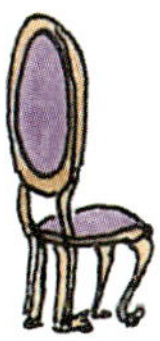 hinüber.

Sofort schweben seine  ,

sein 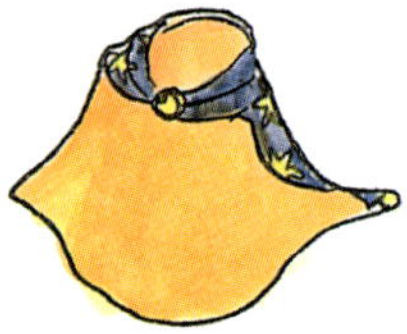 und seine 

herbei. Der 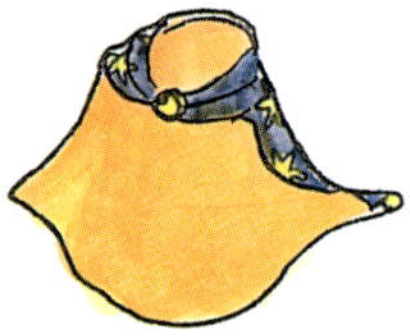 wickelt sich

um seine 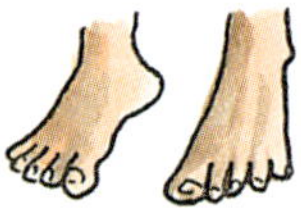 . Die  wollen

die 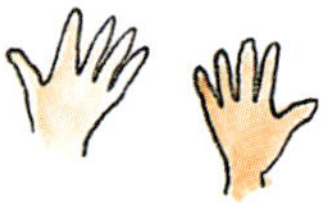 wärmen, die 

stülpt sich wie eine  über

Oskars  . Es dauert lange,

bis der kleine  alles richtig

angezogen hat.

„ als “, sagt Oskar verwundert. Er nimmt eine  und gießt sich ein. Um sich nicht den  zu verbrennen, zeigt er mit dem  auf die .

„Viel zu heiß, kalt wie .“

In der  beginnt es zu blubbern und zu brodeln. „Wieso geht heute alles schief?“ Ratlos blickt Oskar auf seinen .

Endlich fällt es ihm auf. Ein ,

der seinen  verkehrt herum

hält, muss sich nicht wundern,

wenn er alles verkehrt zaubert.

Oskar zähmt den Teppich

Oskar, der kleine , hat ganz

billig einen fliegenden 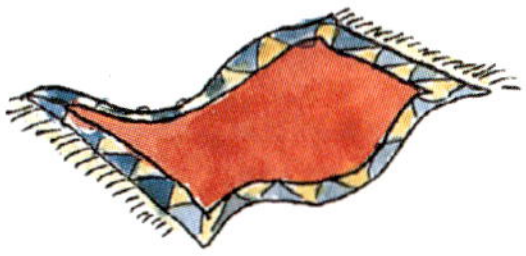

gekauft. Leider bockt der 

wie ein . Er ist störrisch wie

eine  und hinterhältig wie

eine 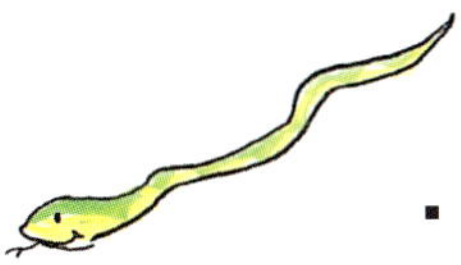. Noch nie ist ein 

so richtig auf ihm geflogen.

Einen  hat der 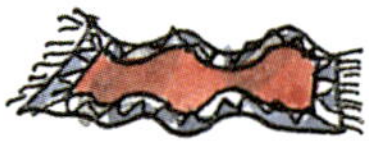 über

einen hohen 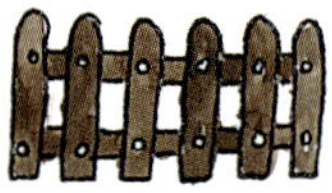 geschleudert.

Den nächsten hat er in den 

geworfen. Und vor einem ziemlich

dicken  ist er geflohen.

Oskar will es trotzdem versuchen.

Vorsichtig setzt er einen 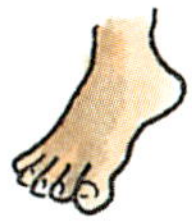

auf den 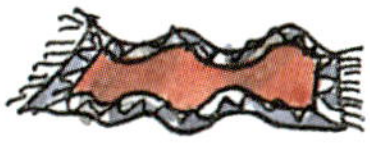 . Die  zittern.

„Ich tu dir doch nichts“, sagt der

kleine  .

„Das glaube ich nicht“, erwidert

der 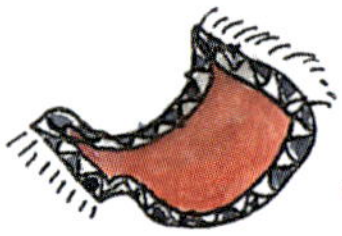. Oskar traut seinen 

nicht. „Du kannst sprechen?“

„Klar, was denkst du denn?“,

antwortet der .

„Weshalb darf niemand auf dir

fliegen?“, will der kleine 

wissen. „Ein  trat mich

mit 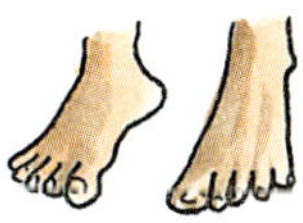 “, klagt der 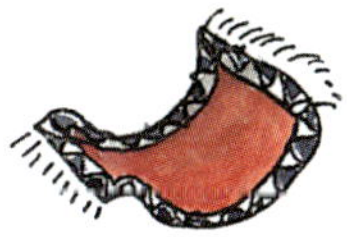.

„Der nächste schlug mich mit

einem , und der dicke 

hatte eine 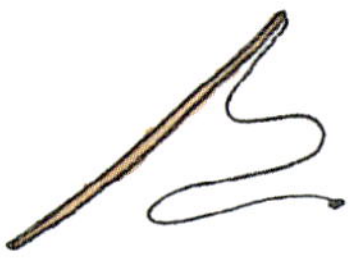 dabei“, erzählt

der 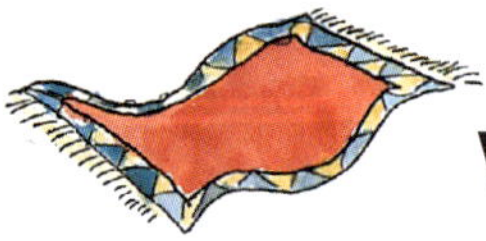 weiter. „Ich habe nur

eine weiche  “, sagt Oskar.

„Du willst mich bürsten?“, haucht der . „Sobald wir zurück sind“, verspricht der kleine . „Einen  für deine 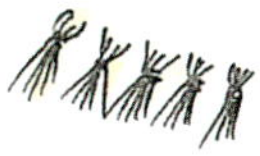 hab ich auch.“

„Steig auf“, sagt der 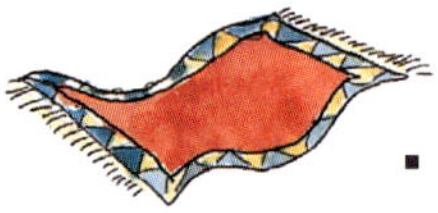.

Sanft wie ein  hebt er ab

und trägt den kleinen ,

wohin der nur will.

Ein Hut für den Flaschengeist

Mit einer bauchigen  unter

dem 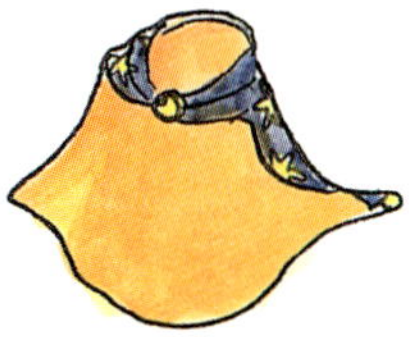 tritt Oskar vors  .

Der kleine  will den

fiesen  Furano einfangen.

Der zaubert nämlich allen,

die er trifft,  an den  .

Oder einen 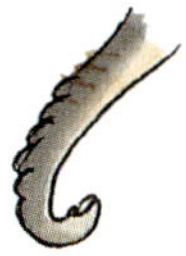 an die  .

Plötzlich schwebt der  vor dem kleinen . „Du willst mich also in eine  locken“, dröhnt der .

„Welche  ?“, stammelt Oskar.

„Die da!“, brüllt der  und streckt

die 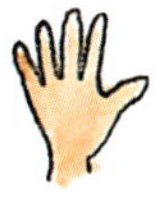 danach aus. Erschrocken

lässt Oskar die  fallen.

Sie zerspringt in tausend  .

Nur der  bleibt heil.

Der wütende Furano wird dick und

prall wie ein 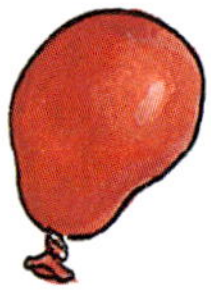 . „Möchtest du

meinen  ?“, fragt Oskar schnell.

„Was soll ich mit dem  eines dummen  ?“, fragt der  .

„Dich hineinlegen“, antwortet Oskar. „Mein  ist schön weich. Und er hat keinen  . Niemand kann dich darin einsperren.“

Der  wird neugierig. „Was soll ich dafür tun?“, fragt er.

„Nichts. Ich schenke ihn dir“, sagt der kleine . „Wehe, dein  ist nicht weich“, droht der .

Zischend verwandelt er sich in

eine  und verschwindet

im . Blitzschnell holt Oskar

seinen  hervor und verwandelt

den  in eine .

Er hebt den  auf und drückt

ihn in die . Der  ist

eingefangen. Und für einen

neuen  muss der kleine 

nur mal eben mit dem  winken.

Oskar rettet die Hexe

Oskar, der kleine , trifft

im  die  Hortense.

Sie sammelt . „Wozu brauchst

du die ?“, fragt Oskar.

„Ich will mir neue 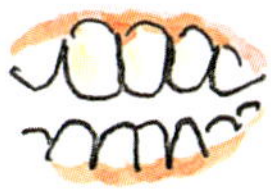 hexen“,

antwortet die . „Aber die 

sind doch giftig“, sagt Oskar.

„Trotzdem gehören sie dazu“,

antwortet die . „Und dann?“,

fragt der kleine  weiter.

„Frag nicht so viel. Sonst hexe ich

dir ein  an den .“

„Wer nicht fragt, bleibt dumm“,

erwidert Oskar. Die  stöhnt.

„Oskar, wenn ich auch nur einen

einzigen  vergesse, verwandle

ich mich in eine .“

Ein wenig beleidigt macht sich der

kleine  auf den  . Bald

saust die  auf ihrem 

davon, dass sich die  biegen.

Plumps, fällt Hortense ein 

aus ihrem  . So schnell er kann,

rennt Oskar zum  der  .

An der  hängt ein  . „Wer

stört, wird in eine  verwandelt.“

Der kleine  zögert.

„Dann will ich mal probieren“, hört

er die  von drinnen murmeln.

„Hortense! Nicht!“, ruft Oskar

und reißt die  auf.

„Willst du, dass ich mich in

eine  verwandle?“, kreischt

die . „Eben nicht“, sagt der

kleine  und gibt ihr den

letzten . Die  wird blass.

Hastig wirft sie den  in den großen  auf ihrem . Mit der  rührt sie um, füllt einen  und trinkt. Schon hat sie strahlend weiße 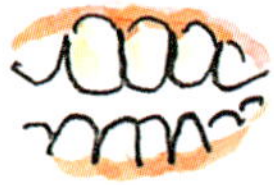 im .

„Danke, Oskar“, sagt die  .

„Ohne dich hätte ich mich in eine

warzige  verwandelt.“ – „Siehst

du“, sagt der kleine  . „Fragen

kann eben doch nie schaden.“

Die Wörter zu den Bildern:

Hahn

Bett

Zauberer

Wecker

Federn

Zauberstab

Messer

Gabel

Schnabel

Gurke

Ei

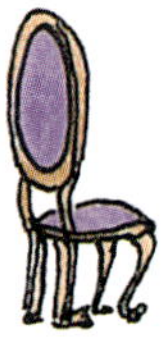
Stuhl

Hose

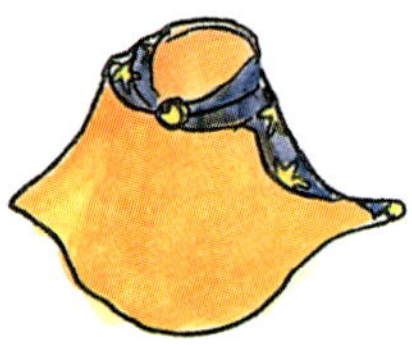
Umhang

Socken

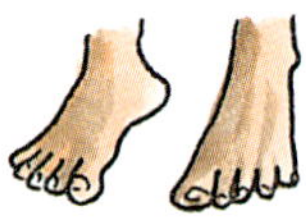
Füße

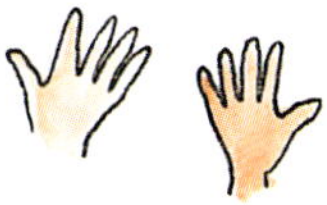
Hände

Mütze

Kopf

Handschuhe

Kanne

Mund

Tasse

Eis

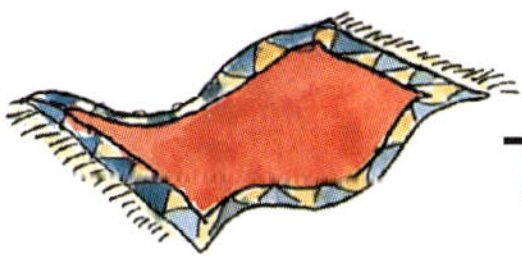
Teppich

Pferd

Ziege

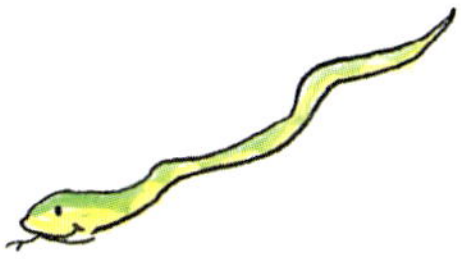
Schlange

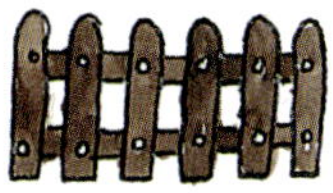
Zaun

See

Fransen

Ohren

Teppich-
klopfer

Peitsche

Bürste

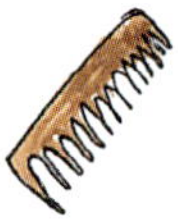

Kamm

Lamm

Flasche

Haus

Flaschen-
geist

Eselsohren

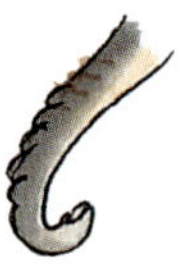

Rüssel

Nase

Splitter

Korken

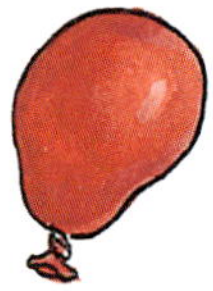

Luftballon

Hut

Wolke

Wald

Hexe

Pilze

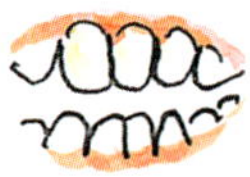

Zähne

Schloss

Kröte

Weg

Besen

Bäume

Korb

Tür

Zettel

Fliege

Topf

Herd

Kelle

Becher